MÉTHODE DE LECTURE

Toute méthode de lecture bien conçue et bien faite doit être conforme à la marche naturelle du langage, c'est-à-dire commencer de suite par des mots détachés, non par des syllabes, et par les noms les plus faciles, les mieux connus.

Cette méthode se divise en quatre parties : la première contient des exercices de mots détachés, de membres de phrases. La deuxième contient des exercices de phrases détachées, de phrases liées par le sens, et des exercices de lecture sur ces dernières. La troisième contient des exercices sur les difficultés de la lecture élémentaire. La quatrième renferme la lecture courante.

Paris. — Typographie de Mᵐᵉ Vᵉ Dondey-Dupré, rue Saint-Louis, 46.

MÉTHODE DE LECTURE

OU

PROCÉDÉ POUR APPRENDRE A LIRE

EN PEU DE TEMPS

D'une manière conforme à la marche naturelle du langage

OUVRAGE APPROPRIÉ AU GOUT ET A L'INTELLIGENCE DES ENFANTS

FAISANT SUITE A L'ALPHABET

PAR UN ANCIEN INSTITUTEUR

PREMIÈRE PARTIE

PARIS

NOUVELLE LIBRAIRIE CLASSIQUE

VICTOR SARLIT, LIBRAIRE-ÉDITEUR

RUE SAINT-SULPICE, 25

1857

Outre qu'une méthode de lecture bien conçue et bien faite doit être conforme à la marche naturelle du langage, ou commencer de suite par des mots détachés les plus faciles, les mieux connus, il faut encore que tous les exercices qu'elle contient soient appropriés au goût et à l'intelligence des enfants, afin qu'ils les comprennent bien, qu'ils y trouvent leur amusement et leur plaisir. C'est là le bon côté de toute méthode ; si elle n'est pas ainsi, elle manque son but.

Pour être au courant de notre plan, voyez-en de suite l'explication pratique qui est à la fin de l'ouvrage (2me volume, 4me partie).

Nota. On peut se servir de cet ouvrage avec l'ancienne ou la nouvelle prononciation des lettres, de même qu'avec ou sans épellation.

MÉTHODE DE LECTURE

PREMIÈRE PARTIE

LETTRES MAJUSCULES ROMAINES.

A B C D E F G
H I J K L M N
O P Q R S T U
V X Y Z

VOYELLES.

A E I O U Y

LETTRES MINUSCULES ROMAINES.

a b c d e f g
h i j k l m n
o p q r s t u
v x y z

VOYELLES.

a e i o u y

LETTRES ACCENTUÉES.

à â é è ê
î ô ù û

LETTRES MAJUSCULES ITALIQUES.

*B C D E F G
H I J K L M N
O P Q R S T U
V X Y Z*

LETTRES MINUSCULES ITALIQUES.

*a b c d e f g
h i j k l m n
o p q r s t u
v x y z*

SIGNES ORTHOGRAPHIQUES.

´ ` ^ ¨ ,
-                ,

SIGNES DE PONCTUATION.

, ; : . ? !

CHIFFRES.

1 2 3 4 5
6 7 8 9 0

Mots faciles, bien connus, et au singulier.

1. Papa, maman, cerise, sage, roi, boule, tante, monde, farine, ange, poule, mouton, toile, confiture, soupe, vin, poire, bouton, fontaine, cage, salade, maison, feu, lapin, cave, olive, honte, neuve, noce, rouge, moulin, kilo, rose, orange, lune, boudin, semaine, savon, laine, joli, voleu-

se, mi nu te, ra ce, fai te, ba ga ge, ma li ce, on ce, tou te, ron de.

2. Dan se, heu re, bon bon, pâ te, ba lan ce, u ne, mê me, en co re, seu le, ba di ne, ma la de, can ti que, bâ ton, a ven tu re, dou ce, la ve ra, é van gi le, bon té, dé gè le, lai de, ca li ce, o ra ge, ai me, cou tu re, ca pi tai ne, de meu re, lun di, vé ri té, foi re, é toi le, fi-

gue, é cu me, fi la tu re, sau ve ra, boî te, ba ron, con te, au da ce, en fance, fu mé, â me, mè re, tê te, dou ze, é pau le, san té, jeu di, mai re, cou sin, jam be.

3. É pon ge, ron ce, vi lai ne, lin ge, voi sin, fê te, é co le, a bon dance, mo de, fi dè le, same di, dé jeu ne, coura ge, bon, a mi, peu, ca ma ra de, ma da me, mu si que, bê le, so-

lide, numéro, boire, juge, amande, pantalon, figure, sauce, gâté, fine, onze, savante, humide, jaune, contente, peureuse, bête, carême, rave, sûreté, avantage.

4. Volonté, réponse, faute, médecine, heureuse, causera, rire, utile, posé, notaire, aimé, centaine, mécanique, civilité, rêve, finira, menace, pèse,

côte, revenu, camisole, limonade, humanité, infidèle, dominicale, magasin, mauvaise, adorera, coutume, honoré, invita, cigale, lingère, âne, aumône, habile, demanderai.

Membres de phrases formés de mots faciles, bien connus, et au singulier.

5. Mon papa, mon cousin, mon bâton, mon ami; ma mère, ma tante, ma cousine,

ma soupe; le roi, le pape, le feu; ce lapin, ce capitaine, ce mouton, ce vase; du café, du vin, du pâté, du melon; la santé, la lune, la colère, la ronde; une poire, une orange, une bête, une maison, une cave; ton ruban, ton camarade, ton moulin, ton âne; sa pendule, sa robe, sa camisole, sa voisine; ta tunique, ta parente, ta lingère, ta bonté; un melon, un juge, un ménage, un potiron.

6. Je pense, je lave, je badine, je cause; on écoute, on pèse, on coupe, on dîne; il nage, il pose, il roule, il monte; voilà une cerise, voilà une rave, voilà une boutique; voici un singe, voici un pélican, voici un sauvage, voici un ha-

neton; ce matin, le déluge, une heure, à midi, la salade, ta jupe, du linge, son âme, on mesure, il vole, je lirai, la fête, un samedi, le courage, on saura, toute seule, sa mère.

7. Ton père pense, ce capitaine mange, voilà une cerise, je lirai encore, on te demande, ma mère cause, du vin rouge,

sa robe neuve, ce mouton bêle, mon cousin rira, voici le maire, il va vite, ce sera lundi, sa tante file, je me lève, on songe à toi, sa voisine pesa du café, je salerai ta soupe, on lave la laine, ton papa aura une poire, la vérité me console, il se sauve vite, ce mouton relève la tête, il adore la divinité, ma voisine sera heureuse, je remonte ma pendule, on dépave la route, il a du cirage, une bague en or.

8. Ta colère me fera honte, le pape te bénira, je désire une amande douce, ma jupe noire sera faite jeudi, ici, on ne mange que du lapin, ton cousin ne sera là que samedi, il se repose un peu, ta mule va

boire à la fontaine, ce pélican dévore une buse, ce matin, je rirai de toi, maman ne demande que sa boîte, là on aime encore la vérité, mon camarade ira à ta fête, on causera.

Mots faciles, bien connus, et représentant des noms de personnes.

9. Simon, Élise, Dominique, Adèle, Léon, Caroline, Émile, Pénélope, Télé-

maque, Angèle, Élisa, Sabin, Cécile, Henri, Nausica, Aubin, Léontine, Valentin, Pauline, Véronique, Luce, Antoine, Hélène, Anice, Dantin, Rosine, Maurice, Anatole, Lubin, Zulima, Boniface, Zoé, Nicaise, Isidore, Aline, Jérôme, Félicité, Eugène, Éloi, Lazare, Laure, Séran.

10. Honoré, Vala-

don, Paganini, Beluze, Salomon, Homère, Solon, Simonide, Pindare, Hérodote, Épicure, Bérose, Caton, Polybe, Héron, Musa, Cicéron, Mécène, Horace, Sénèque, Ovide, Valère, Maxime, Méla, Lucain, Tacite, Solin, Origène, Longin, Eumène, Hilaire, Eusèbe, Basile, Mérope, Végèce, Rufin, Pélage, Hodorice, Paulin,

Denon, Oribase, Latone, Jouvantin.

11. Lysimaque, Molina, Tantale, Bacon, Pope, Muréna, Nicole, Racine, Vauban, Polybe, Zénon, Vico, Lesage, Muratori, Hume, Monge, Napoléon, Lacépède, Byron, Daunou, Fénelon, Lafontaine, Mazarin, Ganymède, Pan, Magon, Rohan, Numa, Ève, Noé, Ca-

ligula, Néron, Hérode, Bélisaire, Catilina, Hobe, Tite Live, Soliman, Paganini, Junon, Pomone, Aladin, Rodogune.

Membres de phrases formés de mots faciles, bien connus, et contenant des noms de personnes.

12. Dominique demande Simon, Élise aime Caroline, Léon fera lire Henri, Antoine a vu Maurice, Hélène amusera Cécile, Pauline se re-

pose, Horace félicite Napoléon, Valentin examine Anatole, Luce tire du vin, Numa sera encore sage, Céline estime Rose, Jérôme évitera Adèle, Henri pense à Cicéron, Ève écoute Zoé, Léon admire Eugène et Émile.

13. Boniface égare Pépin, Simon exposera Nycodème, Dantin se retire de Mécène,

Anatole a rendu sa boîte à Maurice, Napoléon pèse la poire de Valère, Isidore mesure le bâton de Basile, Séran aidera Dominique, Maxime désire boire du vin de Salomon, Jérôme goûte le melon de Paulin, Télémaque soulage sa mère Pénélope.

14. Bacon a lu et relu Homère, Émi-

le ramène Macaire et Jouvantin, Mérope écoutera la parole de Rodogune, Rose aime le mérite et la vérité, Adèle fera taire Élisa, Léon a déjà sali sa voiture neuve, Simon vêtira Henri et Sabin, Antigone te demande où ira Pauline, Valentin ne mangera que du rôti, Tantale a encore sa petite buse noire, ce sera Véronèse qui bâtira la maison de Ganymède.

15. Tite Live encourage Bélisaire à lire, Cicéron, ce sage Romain, sauva Rome du feu, Rose ne lira que Sénèque, Horace, Fénelon et Racine, Caton espéra jusqu'à Utique, où il expira.

Mots faciles, bien connus, et au pluriel.

16. Cerises, roses, amandes, capitaines,

o li ves, rois, é toi les, con fi tu res, an ges, fari nes, pou les, ca ges, mou tons, mi tai nes, sou pes, ven tes, bou les, vins, toi les, bou tons, mi li tai res, fon tai nes, mai sons, la pins, ca ves, bu ses, din dons, moulins, ra ces, lu nes, o ran ges, bou dins, semai nes, ra ves, fi leuses, lai nes, fê tes, ma la des, se men ces, ju ges, ri va li tés.

17. Voi tu res, jo lis, mi nu tes, dan ses, heu res, bon bons, pâ tés, sau va ges, pu nis, on ces, sa la des, can ti ques, sain tes, pi qû res, bâ tons, seu les, é pi nes, a ven tu res, dou ces, bon tés, lai des, o ra ges, cou tu res, vé ri tés, foi res, rai sins, pè res, bou ti ques, meu les, fi gues, mè res, co tons, tê tes, é pau les, min ces, gé né reu ses, li-

mou si nes, con fé ren-
ces, fi gu res mu ti nes,
hon teu ses, ba ga ges,
do mai nes, fi la tu res,
cu rés, mu les.

18. Con ten tes, hé-
ros, fi dè les, ca pu cins,
mou tons, pe ti tes, cou-
si nes, pom pes, â mes,
mé de cins, dé pu tés,
hé ri ta ges, lé gu mes,
é pou ses, mé na gè res,
sa van tes, ron ces, sa-
ges, tou tes, fè ves,
ru bans, ven dan ges,

gi ra fes, guê pes, cô tes,
pâ tu ra ges, é ga les, lon-
gues, é vê ques, noi res,
rou ges, jau nes, fi nes,
pan ta lons, mo dè les,
heu reu ses, sin cè res,
ge lés, ré com pen sés,
ma ris, ra ves, ci se lu-
res, ri va ges, vi cai res,
con ve nan ces, ci vi li tés,
ré vé ren ces, rê ves.

19. Qua li tés, da-
mes, ne veux, mi sè res,
pin cés, nu mé ro tés,
dé cès, dan ge reu ses,

maires, utiles, centaines, rivages, posés, légères, mêmes, dizaines, contes, éponges, farines, sauces, jambes, rames, lisons, municipales, écumes, causeuses, semaines, défigurés, cuves, inventés, vides, écoutons, ruses, adorés, défaites, vaniteuses, centimes, générales, jupes, volages, fainéantes, morales, se-

mai nes, po ta ges, no-
tai res, lan gues.

Membres de phrases formés de mots faciles, bien connus, et au pluriel.

20. Les rois, les é toi les, les pou les, les é co les, les mou tons; ces ro ses, ces poi res, ces mai sons, ces ba-lan ces; vos a mis, vos da mes, vos con fi tu res, vos ro bes; tes ca ma ra-des, tes ce ri ses, tes o li ves; tes bou tons;

2.

nos cousins, nos raves, nos figues, nos neveux, nos moulins; des rubans, des camisoles, des fèves, des melons; ses amandes, ses voisines, ses tantes, ses jupons; mes balances, mes cages, mes ânes, mes caves, mes oranges; nous buvons, nous lisons, nous laverons, nous dînerons; vous dites, vous faites, vous vîtes, vous causâtes; ils font, ils vont, ils riront, ils boiront, ils seront.

21. Douze maisons neuves, voici quarante boutons, nous serons toutes heureuses, lavons vite nos robes, lis encore ces deux pages, onze écoles enfantines, soupons toutes ici, nous aimons vos amis, les rois se reposeront, je dis que vous êtes sa-

ges, mange ces poires, ce sont vos poules, là on ne voit que des épines, on peut lire tes cantiques en dix heures, nous ne lavons pas souvent.

22. Jules régale ses amis, je sais où vont les juges, tous nos moutons sont ici, Nicolas aura des confitures, nous pensons encore à vous, tu iras demain au bain, les oranges

ne seront pas rares, nous lisons toutes les semaines, voilà des cerises noires de Paris, Marie salue nos cousines, tu aimes les olives et les figues, il estime vos pères et vos mères.

23. Ces petites poules sont toutes jolies, ils ont vu des anges et des saintes, Dumas pèse autant que vous, nos toiles ne seront

pas fi nes, où vont mes tan tes et mes cou si nes? on ju ge ra les dé te nus in va li des, ce sont les dé pu tés qui font les lois, nous re ve nons seu-les des mi nes, tu au ras de mes bon bons rou-ges, les ma la des se gué ri ront vi te, je dis que tu écou tes mes a vis, vous ê tes tous sé pa rés.

Mots faciles, bien connus, et représentant des noms de villes.

24. Ro me, Pa ris,

Tou lou se, Di jon, Va-
len ce, Mi lan, Ven dô-
me, Mâ con, An gou-
lême, Me lun, Nan tes,
Pon toi se, Or lé ans,
Li mo ges, Tou lon,
Mon tau ban, Ve ni se,
Ba by lo ne, Ni ni ve, La-
cé dé mo ne, Ca lais, Ai-
gu ran de, Am boi se,
Fa lai se, É tam pes, Ro-
mo ran tin, Au ma le,
Ka lou ga, Mos cou,
O ran ge, Ro que vai re,
Pon pi dou, Va tan,

Meudon, Nancy, Alicante, Genève.

25. Kasan, Ancône, Tarare, Tunis, Hanau, Lacaune, Dinan, Lodève, Saintes, Mirande, Sedan, Mende, Pau, Limoux, Pontoise, Orange, Nantes, Moulins, Luçon, Sens, Loudun, Bâle, Suse, Coni, Saluces, Mondovi, Novare, Nice, Savone, Pékin, Monaco, Potenza, Rovino,

Pérouse, Udine, Toula, Novi, Salamine, Dôle, Bade, Syracuse, Samara, Nankin, Rimini, Alençon, Madura, Busançais, Caraman, Bapaume, Gouzon, Mantes.

26. Barentin, Houdan, Genlis, Besançon, Coutances, Malaga, Gênes, Langon, Vicence, Coron, Tolède, Vérone, Matera, Catane, Nimègue, Oran,

Panama, Monopoli, Rovigo, Moka, Sagonte, Médine, Lodi, Raguse, Tarente, Tivoli, Modène, Turin, Salonique, Méze, Voiron, Numance, Surate, Soleure, Pise, Kouba, Élide, Mauzé, Lure, Zante, Autun, Bondy, Écure, Hérisau, Auzance, Canton, Méru, Caraman, Lutèce, Salente, Aubenton, Houdan, Anduze.

Membres de phrases formés de mots faciles, bien connus, et contenant des noms de villes.

27. Ce militaire admire Rome, Simon va à Toulouse, j'ai vu Venise et Milan, on ravage encore Catane et Genève, je mangerai à Pékin. Ce maçon ira à Pontoise, à Nantes, à Égurande, à Melun et à Besançon. Ma tante boira à Oloron, ta mère dînera à Saintes ou à

Angoulême. Nous serons tous revenus de Mâcon et de Dijon, à une heure.

28. Maman, je dis à papa que j'ai des fèves et des amandes de Limoges, d'Orléans et de Vendôme. Il y a quelques capitales d'Europe qui ont de jolis noms, faciles à lire; ce sont : Paris, Rome, Moscou et Turin. Ici, on saura vite

que tu raconteras ton histoire à Tarente, à Tivoli et à Modène, même à Pise et à Valence. Madame, nous savons toutes que nous filons de la laine de Montauban, de Calais, de Lacaune, de Nancy, d'Amboise, de Kasan et de Nankin.

29. Léontine n'aime que les cerises et les confitures de Nogaro, de Mouzon, de

Roquemaure, de Coutances, d'Orange, de Lodève et d'Aumale. Une fois que nous serons en route, nous irons encore de cité en cité, ou de Romorantin à Étampes, d'Étampes à Kalouga, de Kalouga à Tunis, de Tunis à Rovino, de Rovino à Syracuse et à Salamine. Suse, Coni, Savone, Nice, Udine, Lodi, Raguse, Vérone et Sagonte ne sont toutes qu'à peu de distance de Rome.

30. Léon, si tu désires des poires et des raves de Gouzon et d'Auzance, je t'en céderai, j'en ai en abondance. Ici, il y a une jeune dame qui a visité une quantité d'écoles et de maisons de Moulins, de Bâle et de Sens. Nous avons toutes des robes en toile

de Surate et de Soleure, et des camisoles en futaine de Bondy et de Tarente. Ce ne sera qu'au mois de mai que le pape ira à Modène et à Mataro. Jules et Dominique déjeuneront à Salins.

FIN DE LA PREMIÈRE PARTIE.

Nota. Voyez le second volume, qui a 96 pages d'un caractère un peu moins gros que celui de ce volume. On y trouvera de nombreux exercices de lecture et d'orthographe élémentaires bien gradués; il prépare les élèves aux premiers livres de lecture courante.

Paris. — Typ. de Mme Ve Dondey-Dupré, rue Saint-Louis, 46, au Marais.

www.ingramcontent.com/pod-product-compliance
Lightning Source LLC
LaVergne TN
LVHW021710080426
835510LV00011B/1704